W0229957

HELGA BAUREIS

women's power pack

AURUM VERLAG

Inhalt

Warum Karten für Frauen?

Frauen sind anders als Männer. Frauen können Gefühle besser zulassen. Frauen setzen sich mit ihren Problemen auseinander. Frauen sind auf Harmonie bedacht. Frauen stecken eher mal zurück. Frauen sind hilfsbereit. Frauen leben aus dem Bauch. Frauen sind verständnisvoll. Frauen sind die besseren Diplomaten. Frauen lieben Sicherheit.

Frauen sind all dies – oder vielleicht doch ganz anders?

Lösen Sie sich von Vorurteilen und Klischees. Lassen Sie sich von den Karten inspirieren und entdecken Sie sich selbst neu.

Das *Woman's Power Pack* spricht Themen an, mit denen sich speziell Frauen beschäftigen. Ob es nun darum geht, alte Begrenzungen aufzugeben, geradewegs auf Ziele zuzusteuern, eigene Bedürfnisse zu leben, frische Energie zu tanken oder sich vom Alltagsstreß zu befreien: Die Karten wollen Ihnen dabei helfen, Ihre Stärken wahrzunehmen und Ihre Fähigkeiten zu nutzen. Trauen Sie sich, Ihr Leben nach Ihren eigenen Wünschen zu gestalten, und leben Sie das ganze Spektrum, das Ihnen zur Verfügung steht.

Du mußt genau das machen, wovon du glaubst,
das kann man nicht machen.

Eleanor Roosevelt, Politikerin

Alle Übungen auf einen Blick

Wie finden Sie die richtige(n) Karte(n)?

Sie haben verschiedene Möglichkeiten:

Schlagen Sie unter „Welche Übung hilft wann?" nach. Dort finden Sie die jeweils verschiedenen Themen zugeordneten Übungen.

Schauen Sie direkt auf den Karten unter „Wenn es Ihnen so oder so ähnlich geht..." beziehungsweise unter „Das bringt die Übung" nach.

Setzen Sie sich bequem auf den Boden. Nehmen Sie die Karten in die Hand und mischen Sie sie, während Sie an das Thema denken, das Sie gerade beschäftigt. Breiten Sie die Karten in Fächerform vor sich aus und fahren Sie, während Sie Ihre Augen geschlossen halten, mit der linken Hand über den Kartenfächer. Wenn Sie möchten, können Sie sich dabei eine Frage stellen, beispielsweise: „Welche Übung hilft mir momentan?" Sobald Sie ein Kribbeln in Ihrer Hand spüren oder sonst irgendein Anzeichen, ziehen Sie die Karte, die sich unter Ihrer Hand befindet. Die gezogene Übung ist diejenige, die Ihnen im Moment weiterhilft. Das können Sie natürlich beliebig oft wiederholen.

Nähere Beschreibung der Karten

1 Klaren Kopf gewinnen Durch Stimulierung der Akupunkturpunkte Niere 27 (die Stellen unter dem Schlüsselbein) wird die Energie im Meridiansystem (siehe „Erläuterungen zum Thema Kinesiologie") angeregt. Sollte das Massieren der Punkte schmerzhaft sein, reicht es auch aus, diese zu berühren.

2 In Schwung kommen Das Massieren der auf der Karte angegebenen Punkte aktiviert die Lebensenergie im Zentral- und Gouverneursgefäß. Diese beiden Meridiane bilden einen Energiekreislauf im Körper. Außerdem stehen sie in Verbindung mit Gehirnstimulation und zentralem Nervensystem. Auch diese Punkte können Sie, wenn Sie sich damit wohler fühlen, nur berühren.

3 Nacken und Schultern lockern Die Übung verbessert die Blutzirkulation und die Energiezufuhr zum Gehirn. Das Lösen des „Schulterstresses" sorgt für mehr Bewegungsfreiheit in der Schulter- und Nackenmuskulatur und für eine bessere Körperhaltung.

4 Sauerstoff tanken Gähnen sorgt für eine effektivere Gesamtkörperatmung. Kreislauf und Energiezufuhr zum Gehirn werden angeregt. Außerdem kann sich durch diese Übung die Sehschärfe verbessern. Die Muskulatur rund um das Kiefergelenk darf sich entkrampfen, was einen entspannten Gesichtsausdruck und dadurch ein besseres Aussehen zur Folge hat.

5 Innere Balance finden Das Halten der Akupunkturpunkte Gallenblase 20 sorgt für einen Ausgleich zwischen Vorder- und Hinterhirn, linker und rechter Hemisphäre sowie Gehirn und Körper. Indem Sie während des Haltens den Kopf sanft nach hinten gegen die Finger drücken, lösen Sie gleichzeitig Nackenverspannungen auf.

6 Anspannung loslassen Sämtliche Energiekreisläufe im Körper sowie die beiden Hemisphären werden miteinander verbunden. Diese Übung wurde von Wayne Cook, einem Experten für elektromagnetische Energien, entwickelt. Die Sitzhaltung soll den negativen Effekten der Luftverschmutzung entgegenwirken. Abgesehen von den auf der Karte genannten Punkten hilft die Übung bei Hyperaktivität, Schmerzen, Depressionen und Lernschwierigkeiten.

7 Entspannt schlafen Diese Übung ist eine Variante zu der auf Karte 6. Daher trifft alles, was zuvor geschrieben wurde, auch hier zu. Sie können die Übung auch im Sitzen machen, wenn Sie sich beispielsweise in einer fremden Umgebung befinden und sich dort schneller wohlfühlen wollen oder wenn Sie die Übung möglichst unauffällig durchführen möchten. Dann schlagen Sie im Sitzen die Füße übereinander und machen den Rest genau wie auf der Karte beschrieben. Natürlich kann diese Entspannungsübung auch im Stehen gemacht werden.

8 Energie freiklopfen Durch das Abklopfen des Körpers entlang der Meridiane, die sich durch den gesamten Körper ziehen, wird blockierte Energie freigesetzt. Dadurch werden Selbstheilungskräfte angeregt.

9 Aktivität freisetzen In den Ohren befinden sich mehr als 400 Akupunkturpunkte, die in Beziehung zu sämtlichen Gehirn- und Körperfunktionen stehen. Wenn Sie also Ihre Ohren massieren, entspricht das einer Ganzkörperaktivierung. Außerdem wird die Formatio reticularis des Gehirns stimuliert, welche ablenkende Geräusche und Töne ausblendet, um die Aufmerksamkeit auf das Wesentliche dessen, was gesagt wird, zu lenken.

10 Koordination herstellen Die linke Gehirnhemisphäre kontrolliert die Bewegungen der rechten Körperseite, die rechte Hemisphäre die der linken Körperseite. Bei der Mehrzahl der Menschen ist die linke Gehirnhälfte stärker aktiv. Durch die gleichzeitige Bewegung von linker und rechter Körperseite bei der Überkreuzbewegung werden beide Hemisphären angeregt und ausgeglichen. Dadurch wird die Muskulatur beider Körperseiten gleichmäßig mit Energie versorgt und Verspannungen und Schmerzen kann vorgebeugt werden.

Jede Gehirnhälfte hat ihre spezifischen Aufgaben. Bei den meisten Menschen ist die linke Gehirnhälfte für logisches und analytisches Denken und die rechte Hälfte für Kreativität, Phantasie und ganzheitliches Denken zuständig. Sind beide Gehirnhälften aktiviert, kann eine Sache sowohl von der analytischen als auch von der kreativen Seite betrachtet werden. Dadurch sind Sie in der Lage, Ihr gesamtes geistiges Potential zu nutzen.

Bevor Sie mit Überkreuzbewegungen beginnen, sollten Sie ein großes Glas Wasser trinken und die Übungen der Karten 1 und 6 machen. Wenn Ihnen die Überkreuzbewegung schwer fällt, probieren Sie, diese zunächst im Sitzen zu machen, oder Sie machen einen Spaziergang und achten beim Gehen darauf, daß die Arme gegengleich mit den Beinen „mitschlenkern".

11 *Streß bewältigen*   Streß spielt in unserem Leben eine große Rolle. Es gibt den positiven Eustreß, der beispielsweise entsteht, wenn jemand einen Sieg errungen hat oder sich auf eine bevorstehende Verabredung freut. Dieser Streß ist lebensnotwendig. Jeder kennt aber auch den negativen Dystreß, der sich durch zuviel Hektik oder Ärger entwickelt und der den Energiefluß im Körper blockiert und krank macht.

Unangenehme Gefühle, negative Denkmuster und Erwartungen können die stärksten Streßfaktoren sein. Unter Streßeinfluß reagiert der Körper mit einem Kampf- oder Fluchtmechanismus, der noch aus Urzeiten stammt, als es wirklich um Leben oder Tod ging. Der Überschuß an Energie, der in diesem Moment produziert wird, kann meist nicht sofort abgebaut werden (denn wann kann man schon seinen Streitpartner ohrfeigen oder mitten in einer Geschäftsbesprechung davonlaufen) und manifestiert sich häufig in verspannten Muskeln oder anderen Krankheitssymptomen. Sportliche Betätigung kann zum Abbau dieser überschüssigen Energie beitragen.

Der Körper reagiert auf Streß aber auch mit einer geistigen Blockade. Dann schaltet ein Bereich des Vorderhirns ab, woraufhin man nicht mehr in der Lage ist, in Ruhe über ein Problem nachzudenken, um eine geeignete Lösung zu finden. Die Energie zieht sich in das Stammhirn zurück, das seinen Platz im hinteren Teil des Kopfes hat. Dort sind alte Verhaltensweisen gespeichert, was dazu führt, daß man sich in einer bestimmten Situation immer wieder nach dem gleichen alten Muster verhält, obwohl man sich fest vorgenommen hat, in Zukunft anders zu reagieren.

Laut Gordon Stokes, einem der Begründer der *Three in One-Concepts*, ist die Energie 95 Prozent der Zeit im hinteren Teil des

Gehirns gefangen, da man meist unter irgendeiner Form von Streß steht. Mit anderen Worten: Die meiste Zeit über ist der Zugang zu vielen Bereichen des Gehirns blockiert, und man kann nicht aus all den Möglichkeiten auswählen, die einem von Natur aus zur Verfügung stehen.

Was passiert, wenn Sie mit einer Hand Ihre Stirn und mit der anderen Hand Ihren Hinterkopf halten?

Wenn Sie mit den Fingerspitzen über Ihre Stirn fahren, spüren Sie zwischen den Augenbrauen und dem Haaransatz auf jeder Seite einen kleinen Höcker. Diese Höcker gehören zum neurovaskulären System. Durch längeres Berühren wird die Durchblutung des gesamten Gehirns angeregt und der vordere Teil des Gehirns wird aktiviert, wodurch sich die Blockade auflöst. Ist man mit der Aufmerksamkeit im vorderen Teil des Gehirns, können neue Lösungsmöglichkeiten gefunden werden, es kann einem „ein Licht aufgehen", man hat wieder die Wahl, sich so zu verhalten, wie man es möchte. Haben Sie nur eine Hand frei, reicht es auch aus, diese auf die Stirn zu legen. Der Einfachheit halber wurde in den Texten immer die gleiche Form gewählt: Eine Hand wird auf die Stirn gelegt, die andere liegt auf dem Hinterkopf.

Benutzen Sie die Streßbewältigungsmethode in verschiedenen Situationen:

Beginnen Sie Ihren Tag entspannt und gelassen, indem Sie sich direkt nach dem Aufwachen ein paar Minuten Zeit nehmen. Berühren Sie mit den Händen Stirn und Hinterhaupt und denken Sie darüber nach, was im Laufe des Tages auf Sie zukommen wird. Stellen Sie sich alles so intensiv wie möglich und unter

Berücksichtigung aller Sinne vor: Was werden Sie heute sehen, hören, fühlen, riechen und schmecken?

Dasselbe können Sie tun, *wenn Sie Arbeitsstreß hinter sich lassen möchten.* Falls es Ihnen möglich ist, dies unbeobachtet an Ihrem Arbeitsplatz zu tun, berühren Sie wieder Stirn und Hinterkopf, während Sie sich nochmals alles, was bei der Arbeit geschehen ist, durch den Kopf gehen lassen. Das können Sie natürlich auch erst machen, wenn Sie wieder zu Hause sind.

Halten Sie sich die Stirn, *wenn Sie sich in gegenwärtigen Situationen blockiert, überfordert oder gestreßt fühlen.* Wenn Sie beispielsweise ein Telefongespräch führen müssen, in dem Sie auf eine bestimmte Art und Weise reagieren möchten.

Sie können diese Technik auch anwenden, um *entspannt einzuschlafen.* Wenn Sie kurz vor dem Einschlafen Stirn und Hinterhaupt berühren und sich dabei alles, was tagsüber geschehen ist, durch den Kopf gehen lassen, brauchen Sie den Alltagsstreß nicht mit in den Schlaf zu nehmen, und Ihr Unterbewußtsein kann sich ganz auf angenehme Träume konzentrieren.

Reduzieren Sie den *Streß im Zusammenhang mit einem Ereignis, das in der Zukunft liegt.* Setzen Sie die Technik ein, wenn Sie eine Situation vor sich haben, der Sie sich nicht ganz gewachsen fühlen. Zum besseren Verständnis ein ausführliches Beispiel:

Sie haben in wenigen Tagen morgens um 9.00 Uhr ein Vorstellungsgespräch, in dem Sie sich um eine Arbeitsstelle bewerben, die Ihnen sehr wichtig ist. Allein der Gedanke daran versetzt Sie in Panik. Um an diesem Thema zu arbeiten, stellen Sie sich den

Verlauf des Gesprächs zuerst so negativ wie möglich vor. Das könnte etwa so aussehen:

Sie wachen morgens auf und stellen fest, daß Sie verschlafen haben. Nun müssen Sie sich sehr beeilen, um pünktlich zu dem Termin zu erscheinen. Mit Herzklopfen machen Sie sich auf den Weg und finden keinen Parkplatz. Nachdem Sie mehrmals um das Quadrat chauffiert und bereits zehn Minuten zu spät dran sind, erreichen Sie völlig abgehetzt die Firma, in der Sie zur Vorstellung erwartet werden. Die Sekretärin, bei der Sie sich anmelden, wirft Ihnen wegen Ihrer Verspätung einen strafenden Blick zu und führt Sie dann zum Personalchef. Sie übersehen beim Eintreten eine Schwelle, stolpern und landen auf Ihren Knien. Vor Scham werden Sie rot wie eine Tomate und nehmen völlig entnervt Platz. Nachdem der Personalchef Sie mit einem kühlen Blick bedacht hat, stellt er Ihnen die provokative Frage, ob Sie immer so mit der Tür ins Haus fallen. Zu Ihrer Aufregung gesellt sich jetzt noch Ärger, und wenn Ihnen nicht so viel an der Stelle läge, würden Sie aufstehen und gehen. Außerdem hat der Zorn Sie blockiert, das heißt, Sie können nicht so souverän und spontan wie sonst auf die Fragen antworten, die Ihnen nun gestellt werden. Sie verhaspeln sich und werden zusehends unsicherer, während Ihr Gegenüber immer distanzierter drein-blickt. Das Gespräch wird sehr schnell beendet, und Ihnen wird in süffisantem Tonfall mitgeteilt, daß Sie in den nächsten Tagen mit einer Mitteilung über den weiteren Verlauf der Dinge rechnen können. In niedergeschmetterter und enttäuschter Stimmung und mit einer Stinkwut sowohl auf sich selbst als auch auf den Personalchef verlassen Sie dessen Büro.

Nachdem Sie sich diese Situation vorgestellt haben, lassen Sie die unangenehmen Bilder, Worte und Gefühle los, indem Sie sich beispielsweise vorstellen, Sie ständen unter der Dusche, wo alles Negative abgewaschen wird. (Siehe auch Karte 23, Loslassen durch Imagination.)

Jetzt stellen Sie sich das Gespräch nochmals vor, und zwar so, wie Sie sich wünschen, daß es verlaufen soll:

Sie wachen morgens rechtzeitig auf, sind guter Laune und voller Zuversicht. Mit Elan machen Sie sich auf den Weg zu Ihrem Vorstellungsgespräch. Während der Fahrt lassen Sie sich nochmals alle Argumente, die für Sie als neue Mitarbeiterin sprechen, durch den Kopf gehen. Sie sind sich sicher, daß Sie kompetent und überzeugend wirken werden. In der Firma werden Sie von einer freundlichen Sekretärin empfangen. Der Personalchef erwartet Sie schon, und Sie spüren sofort, daß er ein Mensch ist, mit dem Sie zurechtkommen werden. Sie verhalten sich im Gespräch völlig souverän, und der Funke Ihrer Begeisterung springt auf den Personalchef über. Er ist so von Ihnen angetan, daß er auf sämtliche Forderungen wie Gestaltung des Arbeitsplatzes und Gehaltswünsche eingeht. Das Gespräch endet damit, daß Sie den Job erhalten. Sie fühlen sich, als könnten Sie vor Glück Bäume ausreißen, und sind total stolz auf Ihre Leistung.

Wichtig: Bedenken Sie, daß es in Ihrer Phantasie keine Grenzen gibt. Sie können sich alles vorstellen, was Sie möchten.

Phantasie ist der Versuchsballon, den man am allerhöchsten steigen lassen kann.

Lauren Bacall, Schauspielerin

12 **Selbsttesten mit dem Körper**   Bevor Sie sich selbst kinesiologisch austesten, sollten Sie dies beachten: Trinken Sie ein bis zwei Gläser Wasser und machen Sie die Übungen der Karten 1, 2 und 6. Die Übungen helfen Ihnen, Ihren Energiehaushalt auszugleichen, und stellen sicher, daß Sie sich auf die Aussage des Tests verlassen können.

Ein paar Bemerkungen zum Thema Wasser
Wasser (und damit ist wirklich nur Wasser und keine andere Flüssigkeit gemeint, da andere Flüssigkeiten vom Körper wie Nahrungsmittel verwertet werden) sollte täglich und in ausreichender Menge getrunken werden. Es regt den Stoffwechsel an und unterstützt das Lymphsystem dabei, Giftstoffe aus Ihrem Körper auszuscheiden. Außerdem leitet Wasser die elektrische Energie innerhalb des Gehirns weiter, damit Nachrichten zwischen Gehirn und Körper hin- und hergesandt werden können. Wer genug Wasser trinkt, kann schneller „schalten". In Streßzeiten sollte der tägliche Wasserbedarf von ein bis zwei Litern sogar noch erhöht werden, da Stressoren den Körper erschöpfen und dehydrierte Zellen hinterlassen. Mit dem Selbsttest können Sie auch Ihren individuellen Wasserbedarf austesten. Das funktioniert so:

Stellen Sie sich gerade hin und halten Sie Ihre Füße hüftbreit. Entspannen Sie sich – vor allem in den Knien. Schließen Sie die Augen. Fragen Sie sich: „Wieviel Wasser braucht mein Körper durchschnittlich pro Tag? Mindestens einen Liter?" Bewegt sich Ihr Körper in die Richtung, in die er sich bei der Vorstellung einer positiven Situation bewegt, dann bedeutet dies „Ja". (Siehe auch Karte 13, Selbsttesten mit den Armen.) Fragen Sie weiter: „Braucht mein Körper mindestens 1,5 Liter Wasser pro Tag?" Bekommen Sie wieder ein „Ja" als Antwort? Dann stellen Sie die nächste Frage: „Braucht mein Körper mindestens zwei Liter Wasser täglich?" Haben Sie sich immer noch in die Richtung bewegt, die „Ja" für Sie bedeutet, fragen Sie weiter. Bewegten Sie sich in die Richtung, die „Nein" als Antwort bedeutet, fragen Sie: „Braucht mein Körper mindestens 1,6 Liter Wasser pro Tag?" Testen Sie mit diesen Fragestellungen so lange weiter, bis Sie genau die richtige Menge herausgefunden haben.

Ganz wichtig: Bitte achten Sie darauf, daß Sie keine Erwartung an die Antwort des Selbsttests haben, mit der Sie diesen beeinflussen und letztendlich das austesten würden, was Sie austesten möchten. Seien Sie also bitte neutral und neugierig auf das Ergebnis. Um kontrollierende Gedanken auszuschalten, kann man sich während des Testens fragen: „Was antwortet der Körper?"

Ein paar Bemerkungen zum Thema Ernährung
In der Kinesiologie achtet man darauf, ob ein Nahrungsmittel den Körper mit Lebensenergie versorgt oder ihm Lebensenergie entzieht. Was in der klassischen Ernährungslehre als gut oder schlecht gilt, muß nicht auf die einzelne Person zutreffen. Über den Selbsttest kann ganz individuell und auf den momentanen Zustand passend herausgefunden werden, welche Nahrungsmittel eine stärkende und welche eine schwächende Wirkung auf das Energiesystem haben. Nahrungsmittel, die nicht vertragen werden, können den Stoffwechsel aus dem Gleichgewicht bringen. Jedesmal, wenn diese Nahrungsmittel gegessen werden, versetzt das den Körper in Streß. Meiden Sie diese Nahrungsmittel oder, wenn Sie sie aus irgendeinem Grund trotzdem zu sich nehmen, gleichen Sie den Energiehaushalt mit den unter „Welche Übung hilft wann? - Vor dem Essen" genannten Übungen aus (Seite 31).

Neben Nahrungsmitteln und dem täglichen Wasserbedarf können Sie auch andere Dinge, wie Kosmetikartikel, Kleidung, Pflegeprodukte, Waschpulver, Farben, Edelsteine, ätherische Öle, Bachblüten und so weiter austesten. Wenn Sie noch mehr zu den Themen „Nahrungsmittel austesten", „Was kann gegen Unverträglichkeiten getan werden?" und sonstige Bereiche der Kinesiologie wissen möchten, wenden Sie sich bitte an eine ortsansässige Kinesiologin/einen Kinesiologen.

13 *Selbsttesten mit den Armen*   Hier gelten alle Ausführungen, die zu Übung 12, Selbsttesten mit dem Körper, gemacht wurden. Sie können den Selbsttest mit den Armen auch im Sitzen machen. Dann bitte beide Füße fest auf den Boden aufstellen.

14 *Augen aktivieren*   Je nachdem, in welche Richtung Sie Ihre Augen bewegen, sprechen Sie bestimmte Bereiche Ihres Gehirns an. Sehen Sie beispielsweise nach links oben, befinden Sie sich in der visuellen Vergangenheit. Richten Sie Ihren Blick nach rechts unten, sind Sie bei Ihren Gefühlen angelangt. (Mehr dazu finden Sie unter anderem in dem Buch von Paul Liekens: *Dann halten Sie die Fäden in der Hand*.) Durch die Augenaktivierung können in diesen Bereichen gespeicherte Denk- und Verhaltensmuster leichter verändert und positive Aussagen schneller akzeptiert werden. Diese Technik intensiviert auch die Übung von Karte 11, Streß bewältigen. Wenn Sie sich also Stirn und Hinterkopf halten, um sich von Streß zu befreien, ist es hilfreich, dabei langsam die Augen in die eine und anschließend in die andere Richtung kreisen zu lassen (dann entfällt natürlich das Massieren der auf der Karte beschriebenen Punkte). Streßbeladene Erinnerungen, die in den einzelnen Bereichen gespeichert sind, können dadurch leichter losgelassen werden.

15 Nein sagen   Sie können zur Stärkung Ihrer Durchsetzungskraft bei Bedarf noch die Übungen 4, 5 und 9 machen. Falls Ihnen die positive Aussage, die als Beispiel genannt wurde, nicht zusagt, können Sie natürlich auch einen anderen Satz wählen. (Siehe auch Karte 19, Positive Aussagen finden.) Vielleicht hilft es Ihnen, wenn Sie sich eine Frau, die Sie schätzen und die über Durchsetzungsvermögen verfügt, in Erinnerung rufen, um sich in der betreffenden Situation ähnlich zu verhalten.

16 Einen Brief schreiben   Zusätzlich zu dem Brief können Sie Tages-, Wochen- und/oder Monatspläne machen. Schreiben Sie auf, was Sie in den entsprechenden Zeiträumen alles erledigt haben möchten, und gehen Sie auch hier davon aus, daß Sie es schaffen werden. Gratulieren Sie sich dazu.

17 Schutz finden   Natürlich reicht die Vorstellung von Licht oder Schutzengel in konkreten bedrohlichen Situationen nicht aus. Aber wenn Sie sich kraft Ihrer inneren Einstellung beschützt fühlen, haben Sie eine ganz andere Ausstrahlung, als wenn Sie sich wie ein hilfloses Opfer fühlen, und Sie werden sich auch anders verhalten.

18 Positiv einstimmen   Die Punkte an der Handkante können Sie immer dann klopfen, wenn Sie sich über sich selbst ärgern, weil Sie zuviel gegessen, genascht, geraucht, getrunken ... haben. Dazu können Sie diesen Satz sagen: "Trotz meiner Lust auf ... liebe, akzeptiere und respektiere ich mich von ganzem Herzen." Wenn Sie sich schlecht fühlen, ohne so recht zu wissen warum, reicht es auch aus, während des Klopfens nur diesen Satz zu sprechen: „Ich liebe, respektiere und akzeptiere mich von ganzem Herzen, so wie ich bin."

19 **Positive Aussagen finden** Die auf der Karte aufgelisteten Sätze sind Beispiele. Sammeln Sie Aussagen, die genau zu Ihnen und Ihren Wünschen passen. Achten Sie auf Ihre Sprache, indem Sie auf negative Aussagen verzichten oder diese umformulieren: „Das Leben ist hart" in „Das Leben bringt mir alles, was ich mir wünsche."

„Das Schicksal ist ungerecht" in „ Das Schicksal bringt mir die Lernaufgaben, an denen ich wachsen kann."

„Frauen haben es schwer" in „ Ich erkenne und nutze das ganze Potential, das mir zur Verfügung steht."

„Ich erreiche nie, was ich mir vornehme" in „ Ich erreiche meine Ziele spielend leicht."

„Ich bin eine Versagerin" in „ Ich bin eine Gewinnerin."

Die Aufforderung, negative Sätze umzuformulieren, bedeutet nicht, daß Sie sich etwas vormachen sollen. Es ist auf jeden Fall ratsam, sich mit den negativen Denkmustern auseinanderzusetzen. (Siehe auch Karte 20, Positive Aussagen verinnerlichen.) Aber bitte bedenken Sie auch diesen Grundgedanken aus dem Schamanismus: Energie folgt der Aufmerksamkeit. Warum sollten Sie sich mit destruktiven Vorstellungen auf eine negative Zukunft programmieren? Ist es nicht besser, die Aufmerksamkeit auf Dinge zu richten, die man erreichen möchte?

20 **Positive Aussagen verinnerlichen** Um positive Aussagen effizient zu verinnerlichen, können Sie, abgesehen von den auf der Karte genannten Übungen, grundsätzlich die Übungen 1 bis 10 machen. Das hat sich als sehr wirkungsvoll erwiesen, wenn beispielsweise die Lernfähigkeit verbessert werden soll. Suchen Sie sich die entsprechenden oder alle Übungen aus und dazu einen für Sie passenden Satz, zum Beispiel: „Ich nehme Neues schnell auf. Es fällt mir leicht, mich zu konzentrieren. Gelesenes verstehe ich sofort. Ich lerne effektiv. Bei Prüfungen fühle ich mich sicher und gelassen."

Eine weitere Methode, um positive Aussagen erfolgreich anzunehmen: Breiten Sie Ihre Arme auf Schulterhöhe seitlich aus. Sprechen Sie mehrere Male Ihre Aussage vor sich hin, während Sie die Arme langsam zusammenführen und die Hände falten. Auf diese Weise vereinen Sie die logische mit der kreativen Gehirnhälfte, und das Gesagte wird von Ihrem gesamten Gehirn schneller akzeptiert.

21 Altes loslassen Schwierigkeiten mit dem Loslassen können sich auf der physischen Ebene zum Beispiel in Form von Verstopfung äußern. Sollte es Ihnen schwer fallen, sich von Dingen zu trennen, haben Sie Geduld mit sich und lassen Sie sich die nötige Zeit dazu.

22 Eigene Bedürfnisse leben Positive Aussagen, die zu diesem Thema passen, könnten sein: „Ich akzeptiere mich so, wie ich bin. Es ist in Ordnung, so zu leben, wie es mir gefällt. Ich erlaube mir, Dinge zu tun, die mir Spaß machen." Um diese Aussagen noch zu verstärken, können zusätzlich die Übungen der Karten 2, 9 und 14 gemacht werden.

23 Loslassen durch Imagination Ergänzen Sie die Beispiele auf der Karte mit Ihren eigenen Ideen. Lassen Sie Ihrer Phantasie freien Lauf.

24 Anderen vergeben Abgesehen davon, daß Sie sich von unnötigem Ballast befreien, wenn Sie anderen Menschen vergeben, ist es auch wichtig, daß Sie sich selbst vergeben: all die Fehler, die Sie gemacht haben, oder alle Verhaltensweisen, die

Sie sich nicht verzeihen können und deretwegen Sie von Schuldgefühlen geplagt werden, obwohl manches davon vielleicht schon lange zurückliegt. Machen Sie es genau wie auf der Karte beschrieben: Fertigen Sie eine Liste mit all Ihren „Sünden" an. Schreiben Sie auf, was Ihnen zu dem damals Geschehenen einfällt. Halten Sie sich Stirn und Hinterhaupt. Vergegenwärtigen Sie sich das damals Erlebte... Können Sie mit Ihrem heutigen Wissen und dem nötigen Abstand nachvollziehen, warum Sie sich in dieser Weise verhalten haben? Vielleicht erkennen Sie, in welchem Verhaltensmuster Sie damals gefangen waren und warum Sie sich nicht anders verhalten konnten. Verzeihen Sie sich, daß Sie anders waren, als Sie sich gerne gehabt hätten. Unterstützen können Sie das ganze noch dadurch, daß Sie die auf Karte 18, Positiv einstimmen, beschriebenen Punkte klopfen und sich dabei sagen: „Ich liebe mich von ganzem Herzen, so wie ich bin."

Fehler gehören zu den Verpflichtungen, mit denen man für ein vollwertiges Leben zahlt.

Sophia Loren, Schauspielerin

25 Für sich selbst sorgen   Oft sind Frauen dazu erzogen worden, ihren Partnern jeden Wunsch von den Augen abzulesen, oder, im anderen Fall, auf einen Märchenprinzen zu warten, der ihnen jeden Wunsch erfüllt. Bis der Märchenprinz an die Tür klopft oder falls er sich als Frosch entpuppen sollte, haben Sie ja immer noch die Möglichkeit, sich all das, was Sie gerne haben möchten, selbst zu geben.

Daß uns eine Sache fehlt, sollte uns nicht davon abhalten, alles andere zu genießen.

Jane Austen, Schriftstellerin

Schließ keine Kompromisse. Du bist alles, was du hast.

Janis Joplin, Sängerin

26 Eigene Stärken erkennen

Oft sind wir in einer negativen Denkweise über uns selbst so sehr gefangen, daß wir den Blick für die Realität verloren haben. Wenn andere Menschen sich abwertend über uns äußern, überprüfen wir diese Aussagen nicht, sondern nehmen sie ungefiltert an. Die Übung lenkt Ihre Aufmerksamkeit auf Ihre Stärken und hilft Ihnen, mit diesen wieder in Kontakt zu kommen.

Man merkt nie, was schon getan wurde, man sieht immer nur das, was noch zu tun bleibt.

Marie Curie, Naturwissenschaftlerin

27 Dinge gleich erledigen

Warum sich die Unlust verzeihen? Die Erfahrungen, die Sie mit dem Thema „Unangenehmes erledigen" gemacht haben, sind in Ihrem Hinterkopf gespeichert. Diese negativen Erinnerungen „entschärfen" Sie, indem Sie sich Stirn und Hinterkopf halten und sich die entsprechenden Situationen nochmals vorstellen, damit Sie sich von der Vergangenheit trennen können und frei für die anstehende Veränderung sind.

28 Persönlichkeitsanteile vereinen Diese Übung stammt aus dem Neurolinguistischen Programmieren (NLP). Die Aufforderung „ Seien Sie kreativ!" ist wörtlich gemeint. Den verschiedenen Persönlichkeitsanteilen können Sie Symbole, Farben, Blumen, Früchte, Bäume oder andere Gegenstände zuordnen. Sie können mehrere Stühle hinstellen und jedem Anteil einen Stuhl zuteilen. Nehmen Sie nacheinander auf den einzelnen Stühlen Platz und fühlen Sie sich ganz in den entsprechenden Anteil ein, um intensiven Kontakt zu ihm aufzunehmen und deutlich zu erkennen, wer Sie sind und was Sie sich wünschen.

Dies ist eine Anregung, ebenso wie das, was auf der Karte steht. Das Beispiel auf der Karte bezieht sich auf drei Persönlichkeitsanteile, es können aber auch mehr oder weniger Anteile sein. Mehr über das Neurolinguistische Programmieren (NLP) erfahren Sie unter anderem aus den im Literaturverzeichnis genannten Büchern.

29 Eigene Regeln aufstellen Wenn Sie möchten, können Sie diese Übung durch eine Visualisierung ergänzen. Sie können sich beispielsweise die auf der Karte beschriebenen Fremdeinflüsse als Fesseln vorstellen, die Sie durchtrennen. Weitere Anregungen zum Loslassen finden Sie auf der Karte 23, Loslassen durch Imagination.

Nur tote Fische schwimmen immer mit dem Strom.
Rita Süßmuth, Politikerin

30 Unbewußte Gedanken erkennen   Die Schreibhand wird bei den meisten Menschen von der analytischen Gehirnhälfte gesteuert (siehe auch Erläuterungen zu Karte 10, Koordination herstellen). Wenn wir mit der anderen Hand schreiben, haben wir einen viel direkteren Zugang zu unserer kreativen, ganzheitlichen Gehirnhälfte, in der auch unsere Intuition sitzt. Die auf der Karte genannten Fragen sind Beispiele, die sich gut als Einstieg eignen. Sie können auch jede andere Frage stellen.

Welche Übung hilft wann?

Auf den folgenden Seiten finden Sie unter verschiedenen Stichwörtern die passenden Übungen. Machen Sie entweder alle genannten Übungen oder suchen Sie sich diejenigen aus, von denen Sie sich am meisten angesprochen fühlen. Finden Sie heraus, welche Übungen Ihnen die größten Veränderungen bringen, indem Sie bewußt wahrnehmen, wie Sie sich anschließend fühlen.

Guter Start in den Tag

1   Klaren Kopf gewinnen
2   In Schwung kommen
4   Sauerstoff tanken
8   Energie freiklopfen
9   Aktivität freisetzen
10 Koordination herstellen
11 Streß bewältigen
18 Positiv einstimmen

Zur Entspannung

3   Nacken und Schultern lockern
6   Anspannung loslassen
7   Entspannt schlafen
18 Positiv einstimmen
23 Loslassen durch Imagination

Selbstheilungskräfte aktivieren

1 Klaren Kopf gewinnen
2 In Schwung kommen
3 Nacken und Schultern lockern
6 Anspannung loslassen
7 Entspannt schlafen
8 Energie freiklopfen
9 Aktivität freisetzen
11 Streß bewältigen
18 Positiv einstimmen
23 Loslassen durch Imagination

Mehr Energie

1 Klaren Kopf gewinnen
2 In Schwung kommen
4 Sauerstoff tanken
8 Energie freiklopfen
9 Aktivität freisetzen
18 Positiv einstimmen

Klares Denken

2 In Schwung kommen
4 Sauerstoff tanken
5 Innere Balance finden
9 Aktivität freisetzen
14 Augen aktivieren

Schnell lesen und verstehen

3 Nacken und Schultern lockern
6 Anspannung loslassen
10 Koordination herstellen
14 Augen aktivieren

Flüssig und kreativ schreiben

Prüfungen bestehen

Wasser trinken!

Arbeit am Computer

Spaß beim Sport

Auf der Reise

1 Klaren Kopf gewinnen
2 In Schwung kommen
5 Innere Balance finden
6 Anspannung loslassen
9 Aktivität freisetzen
11 Streß bewältigen
Wasser trinken!

Klare Entscheidungen treffen

5 Innere Balance finden
6 Anspannung loslassen
9 Aktivität freisetzen
10 Koordination herstellen
11 Streß bewältigen
14 Augen aktivieren
30 Unbewußte Gedanken erkennen

Schnell reagieren

2 In Schwung kommen
9 Aktivität freisetzen
10 Koordination herstellen
Wasser trinken!

Vor dem Essen

5 Innere Balance finden
6 Anspannung loslassen
10 Koordination herstellen
12 Selbsttesten mit dem Körper
14 Augen aktivieren
18 Positiv einstimmen

Wenn die Fernsehsucht zuschlägt

2   In Schwung kommen
3   Nacken und Schultern lockern
6   Anspannung loslassen
9   Aktivität freisetzen
18 Positiv einstimmen

Entspannt einschlafen

4   Sauerstoff tanken
5   Innere Balance finden
7   Entspannt schlafen
11 Streß bewältigen
23 Loslassen durch Imagination

Frei und deutlich sprechen

3   Nacken und Schultern lockern
4   Sauerstoff tanken
6   Anspannung loslassen
9   Aktivität freisetzen
11 Streß bewältigen

Zur Konzentration

2   In Schwung kommen
5   Innere Balance finden
6   Anspannung loslassen
9   Aktivität freisetzen
Wasser trinken!

Sich trauen!

Besser loslassen

Sich selbst mögen

Zielstrebig und erfolgreich sein

Die erste Regel, um erfolgreich zu sein, lautet: Verliebe dich in deine Arbeit!

Maria Lauretta, katholische Ordensfrau

Erläuterungen zum Thema Kinesiologie

Kinesiologie ist eine ganzheitliche Methode, die mit den „Körperenergien" arbeitet. Mit Hilfe verschiedener Techniken werden die Selbstheilungskräfte des Körpers aktiviert, und das Energieniveau wird angehoben. Um zu erkennen, wo die Energie blockiert ist, wird der kinesiologische Muskeltest eingesetzt. Psychische und physische Stressoren wie negative Gefühle oder Denkmuster, Muskelverspannungen, blockierte Energie im Meridiansystem oder falsche Ernährung können dadurch identifiziert werden. Daß verschiedene Muskeln in Streßsituationen schwach werden, merkt man spätestens dann, wenn man auf eine schlechte Nachricht mit weichen Knien reagiert.

Der Muskeltest funktioniert so: Um Antworten vom Körper zu erhalten, benutzt man beispielsweise den Deltamuskel, der seinen Platz im Oberarm hat. Dazu streckt die Testperson einen Arm seitlich waagerecht vom Körper weg. Während sie nun an eine bestimmte Person, beispielsweise eine Nachbarin denkt, drückt der Tester leicht auf den Unterarm der Testperson. Bleibt der Arm oben, bedeutet dies, daß die Testperson „streßfrei" auf die Nachbarin reagiert, das heißt, sie hat wahrscheinlich eine neutrale oder gute Beziehung zu ihr. Bewegt sich der Arm während des Testens nach unten, ist diese Nachbarin „streßbesetzt". Die Testperson hat vermutlich ein schwieriges Verhältnis zu ihr. Denkt die Testperson während des Muskeltestens an ein positives Erlebnis, wird der Arm ebenfalls fest bleiben, denkt sie an eine negative Situation, läßt sich der Arm nach unten bewegen.

Über die Muskeln können natürlich auch andere Dinge ausgetestet werden. Wir können zum Beispiel herausfinden, wie unser Energiesystem auf Nahrungsmittel reagiert. Dazu muß man wissen, daß sich die Energie in Meridianen (Energiebahnen) durch den gesamten Körper bewegt. Die Energiebahnen beginnen oder enden an den Händen, den Füßen, im Brustbereich oder am Kopf. Es gibt 14 Hauptmeridiane, die miteinander einen Kreislauf bilden und sich gegenseitig mit Energie versorgen. Für das menschliche Auge sind diese Energiebahnen unsichtbar, doch dank technischer Hilfsmittel konnte ihre Existenz nachgewiesen werden. Das Wissen über die Meridiane entstammt der Jahrtausende alten chinesischen Heilkunde.

Ist die Energie im Meridiankreislauf blockiert, kann sie über verschiedene Aktivierungssysteme, wie neurolymphatische und neurovaskuläre Reflexzonen oder Akupunkturpunkte, wieder zum Fließen gebracht werden. Dadurch kann körperlichen Unausgewogenheiten und Krankheiten vorgebeugt werden. Außerdem kann die Beweglichkeit und das Zusammenspiel der Muskulatur verbessert und der Heilungsprozeß bei Krankheiten und Verletzungen beschleunigt werden.

Bringt man ein Nahrungsmittel mit dem Körper in Kontakt (entweder nimmt es die Testperson in den Mund, oder man legt es auf einen der sensiblen Testpunkte auf dem Körper), kann über verschiedene Muskeltests herausgefunden werden, ob es den Energiefluß stärkt, das macht sich über einen stark bleibenden Muskel bemerkbar, oder ob es den Energiefluß schwächt, was sich durch einen abschaltenden Muskel zeigt. Nahrungsmittel, die den Energiefluß hemmen, sollten nach Möglichkeit gemieden werden, da sie einen Stressor für den Körper darstellen.

Mit Hilfe des Muskeltests können auch psychische Stressoren wie blockierende Denk- und Verhaltensmuster identifiziert werden. Traumatische Erlebnisse aus der Vergangenheit, wie weit zurück sie auch liegen mögen, können entdeckt und korrigiert werden. Damit ist der Weg frei, um Potentiale zu nutzen und Ziele zu erreichen.

Ein wichtiger Hinweis Die auf den Karten gemachten Vorschläge und Anregungen kann jede Frau für sich nutzen. Bei ernsthaften Gesundheitsproblemen, egal ob physischen oder psychischen Ursprungs, ist es jedoch auf jeden Fall ratsam, sich in therapeutische Behandlung zu begeben.

Die Autorin

Vor zehn Jahren kam ich durch eigene Gesundheitsprobleme mit der Kinesiologie in Berührung. Von ihrer schnellen Wirksamkeit überrascht, wollte ich mehr über diese damals noch recht wenig bekannte Methode erfahren. Ich begann, in der Praxis einer naturheilkundlichen Ärztin, die sich auf Allergien und Ausleitungsverfahren spezialisiert hatte, unter der Leitung einer Kinesiologin zu arbeiten. Außerdem absolvierte ich zahlreiche Seminare in verschiedenen Bereichen der Kinesiologie, beschäftigte mich mit Neurolinguistischem Programmieren sowie mit verschiedenen psychologischen Themen und besuchte die Heilpraktikerschule. 1991 eröffnete ich meine Praxis in Mannheim. Dort arbeite ich mit Kindern, die unter Lernschwierigkeiten leiden, und mit Erwachsenen. Die Themen der Frauen, die meine Praxis besuchen, sind vor allem: Probleme in der Beziehung, Prüfungsängste, Trennungsängste, Neubeginn im Beruf oder in der Partnerschaft, beruflicher Erfolg. Aus meiner Arbeit mit Frauen entstand die Idee zu diesem Kartenset. Um meine Kenntnisse und Erfahrungen weiterzugeben, leite ich Seminare in verschiedenen Bereichen der Kinesiologie sowie Workshops zu den Themen Selbsthilfe und persönliche Weiterentwicklung.

Wenn Sie Fragen zu diesem Kartenset oder zur Kinesiologie allgemein haben oder einfach nur Kontakt mit mir aufnehmen möchten, erreichen Sie mich unter folgender Adresse:

Helga Baureis
Haardtstraße 6
68163 Mannheim
Tel. (0621) 82 54 14

Die Illustratorin

Über mich: Eigentlich hatte schon immer fast alles mit Stiften, Farben, Papier und Mode zu tun. In der Nähstube meiner Mutter wuchs ich auf. Sie war Schneidermeisterin und alleinerziehend, wie viele Frauen nach dem Krieg. Wie einen Schatz hütete ich die Aquarellblöcke mit expressionistischen Skizzen, das einzige, was mir von meinem Vater geblieben war.

Schon früh wußte ich: Modezeichnerin will ich werden. Dank Professor Muche bin ich trotz meiner 16 Jahre in die Modeschule Krefeld aufgenommen worden – ich schien ihm talentiert genug. Hier wurde aus Monika ("die Einsame") Nike (die Siegesgöttin).

Nach Abschluß der Schule studierte ich noch einige Semester Gebrauchsgrafik. Meinen ersten Job fand ich in einer kleinen Werbeagentur, bis mich die Liebe nach Kiel verschlug.

1964 wurde meine Tochter geboren. Ich verdiente damals mein Geld als Dekomalerin und später als Innenausstatterin eines großen Warenhauskonzerns. 1975 wagte ich den Sprung in die Selbständigkeit – hinein ins bunte Modeleben. Erst Paris, dann noch Milano – zunächst als Pressezeichnerin, dann als Fotografin. 1990, nach fünfzehn Jahren Mode, hatte ich mich innerlich so weit distanziert, daß ich wieder ausstieg.

Schon 1988 war ich mit Kamera und Zeichenblock sechs Wochen lang durchs Land meiner Kindersehnsucht, den USA, gefahren. Jetzt folgten weitere Reisen mit Schlafsack und leichtem Gepäck. 1992 durfte ich einen Sonnentanz bei den Crow in Montana miterleben. Ich danke all meinen „Lehrern" in den USA, die mich Dinge neu sehen und erfahren ließen, besonders Larson und Patty Medicinehorse.

Literatur

Helga Baureis: *Spielend leicht lernen mit Ines und Oli*, Aurum Verlag, Braunschweig, 1996

Thomas R. Blakeslee: *Das rechte Gehirn . Das Unbewußte und seine schöpferischen Kräfte*, Aurum Verlag, Braunschweig, 1992 (4. Auflage)

Ann Holdway: *Kinesiologie . Der goldene Schlüssel zur Weisheit des Körpers*, Aurum Verlag, Braunschweig, 1997 (2. Auflage)

Serge King: *Ihr Körper glaubt, was Sie ihm sagen*, Aurum Verlag, Braunschweig, 1994 (3. Auflage)

Matthias Lesch und Gabriele Förder: *Kinesiologie . Aus dem Streß in die Balance*, Gräfe und Unzer, München, 1995

Paul Liekens: *Dann halten Sie die Fäden in der Hand . Praktisches Arbeiten mit NLP*, Aurum Verlag, Braunschweig, 1994

Paul Liekens: *NLP in Beziehungen*, Aurum Verlag, Braunschweig, 1997 (2. Auflage)

Coby Schasfoort-Spanbroek: *Den Streß genießen . Streßreduktion durch Edu-Kinesthetik*, Aurum Verlag, Braunschweig, 1993

Tom Williams: *Was das Qi zum Fließen bringt . Grundlagen und Methoden der Traditionellen Chinesischen Medizin*, Aurum Verlag, Braunschweig, 1996